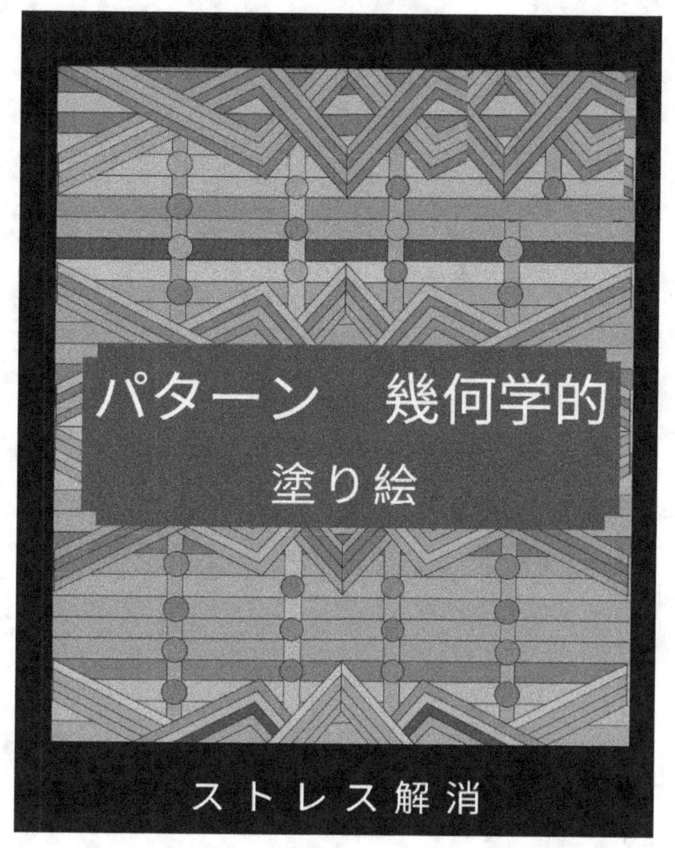

This Coloring Book Belongs to :

____

____

____

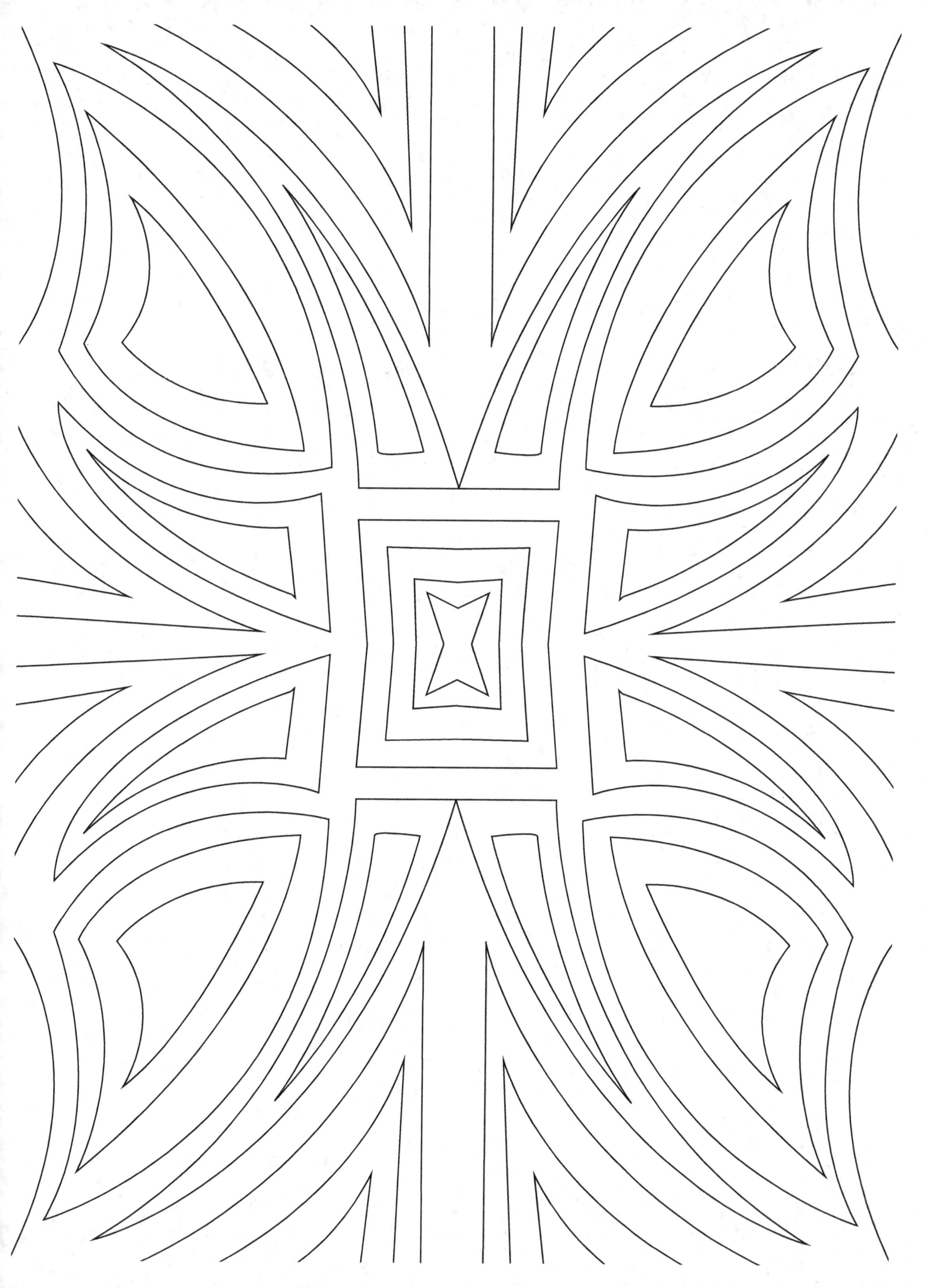

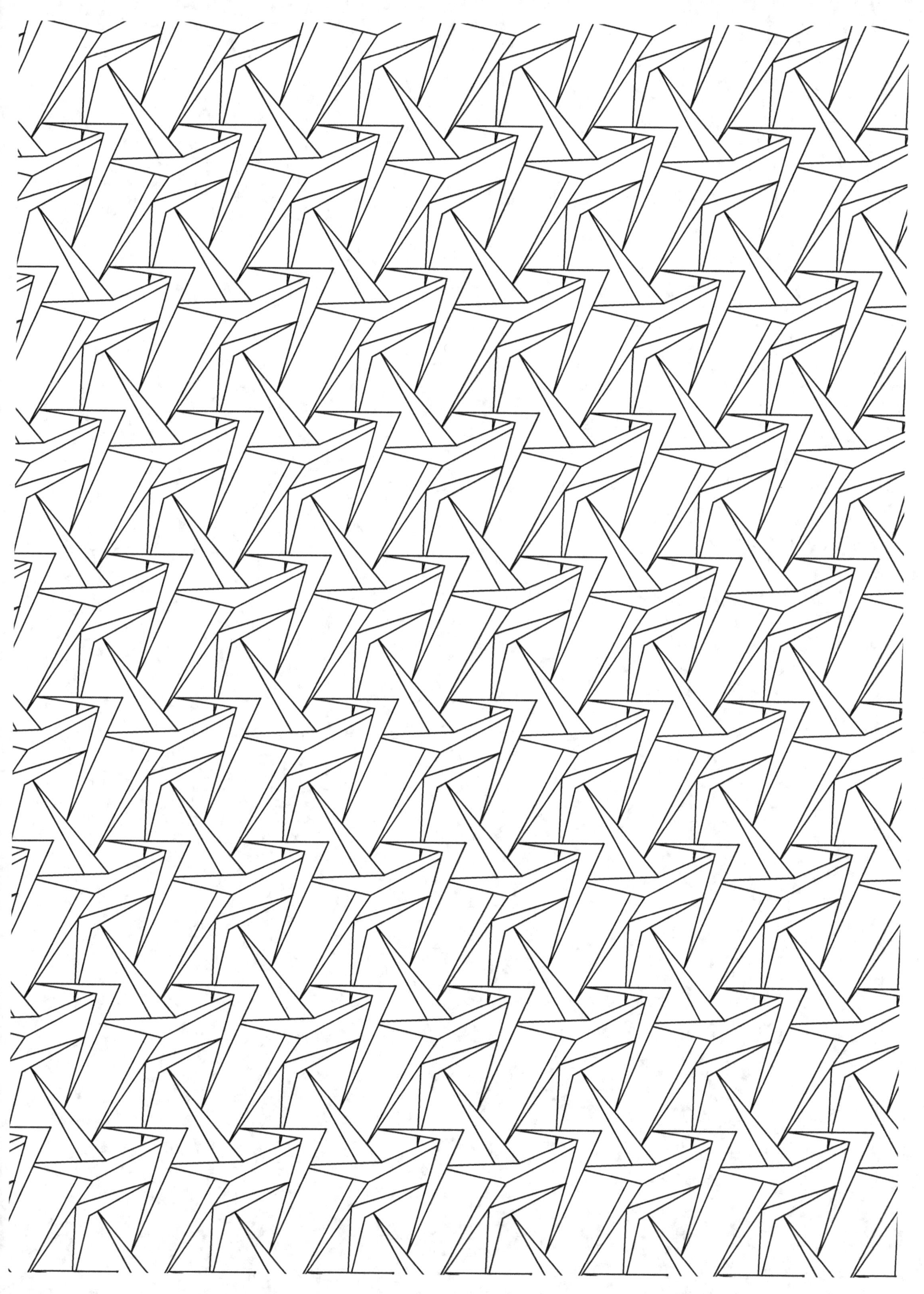

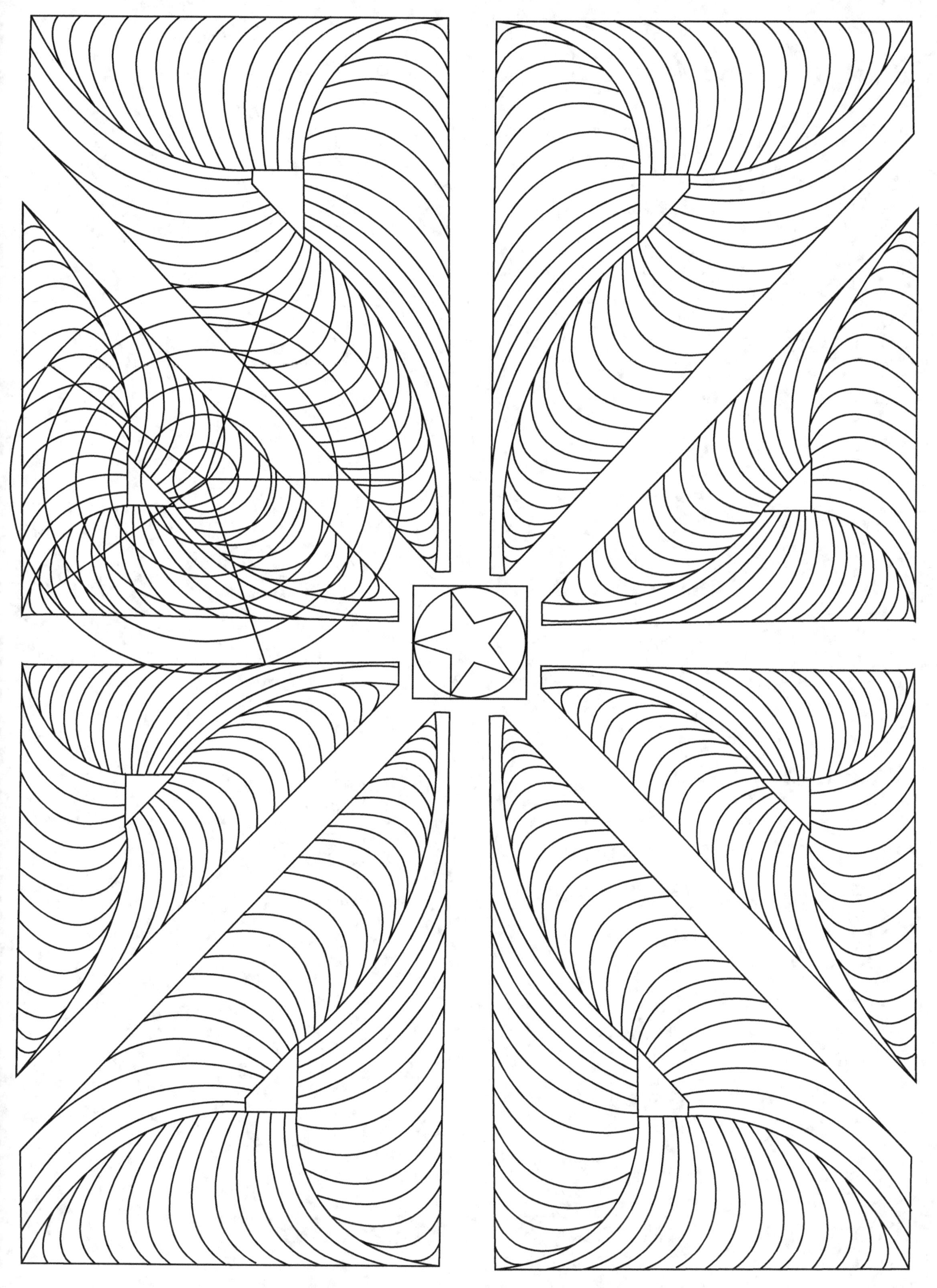

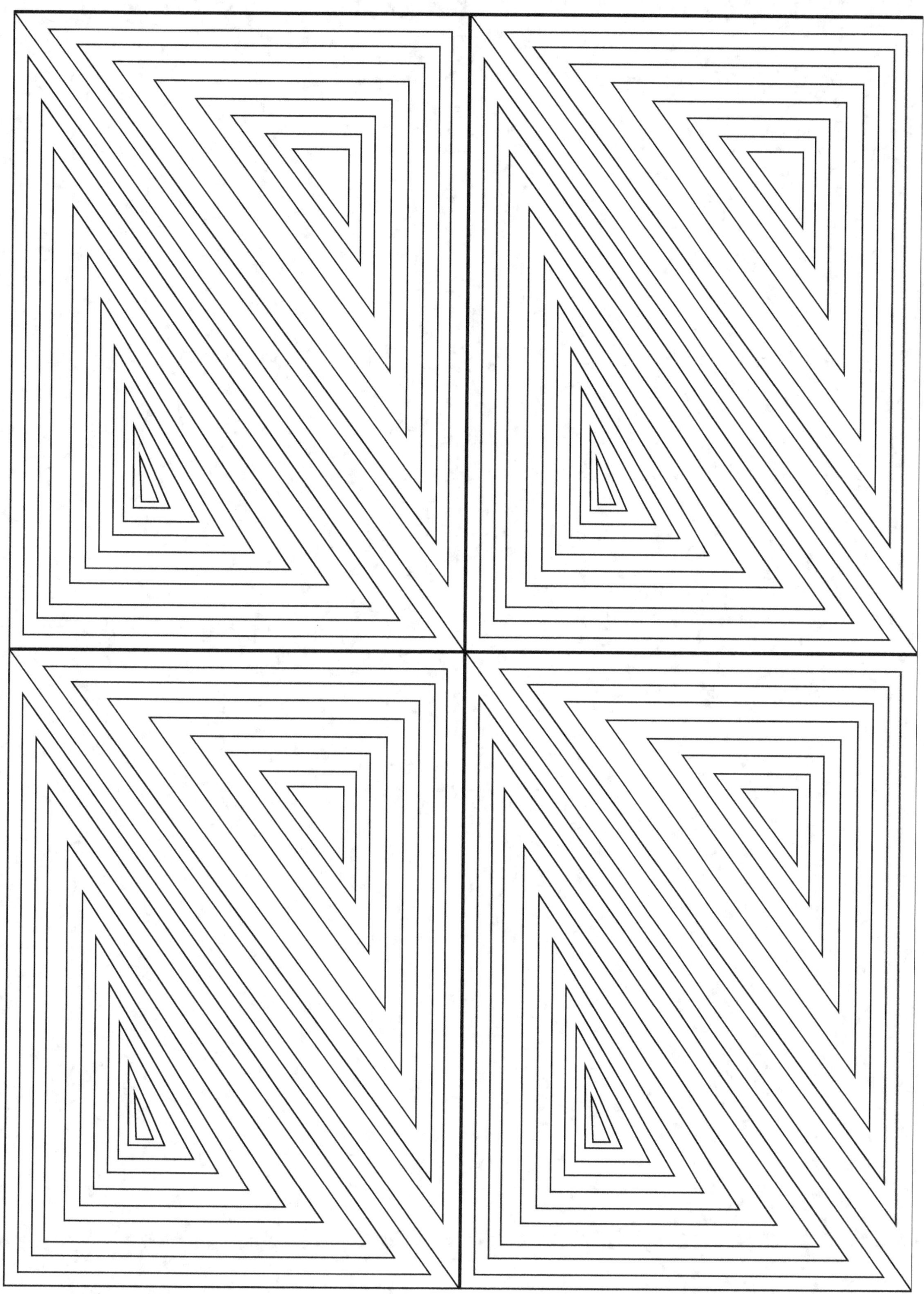

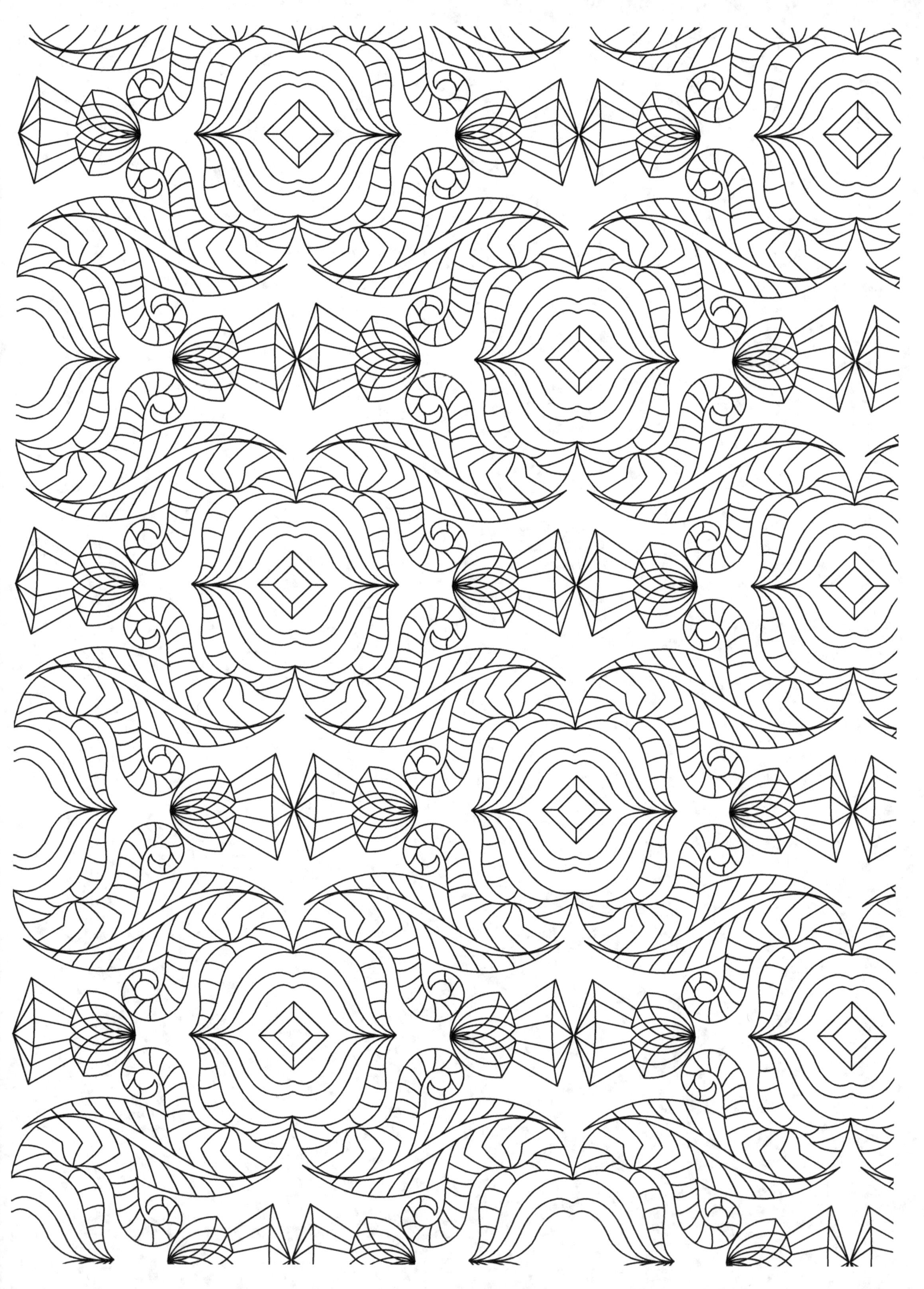

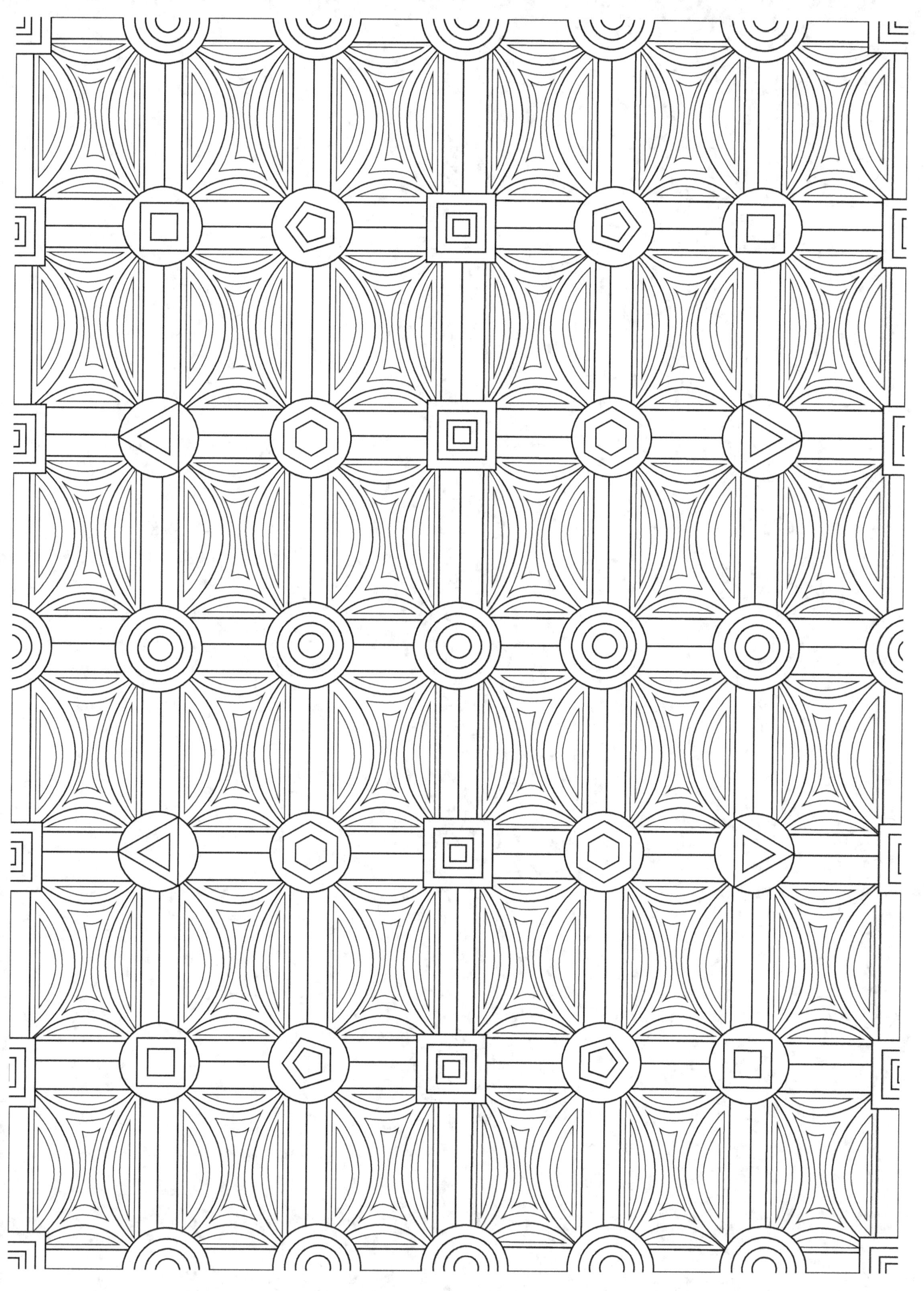

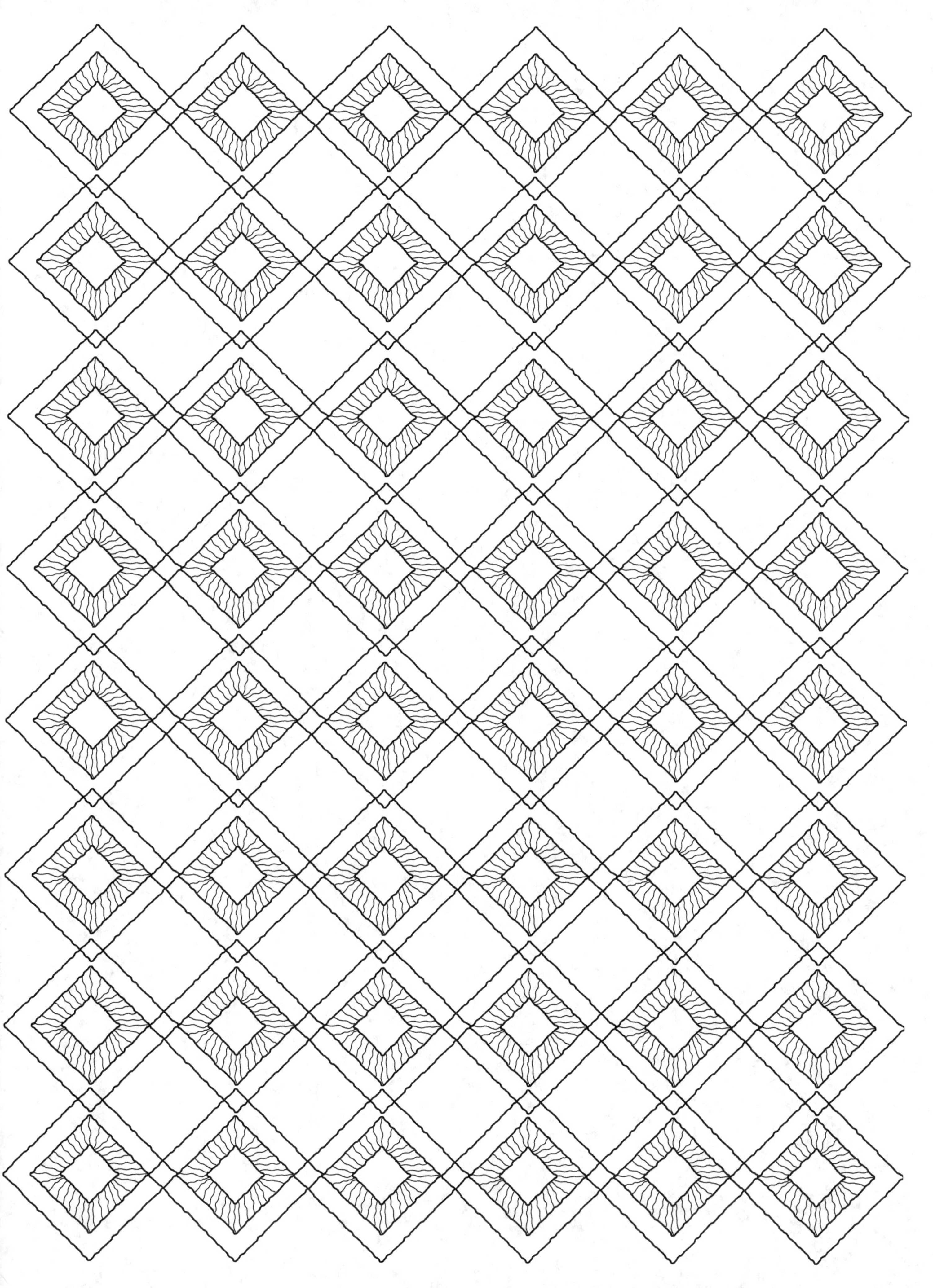

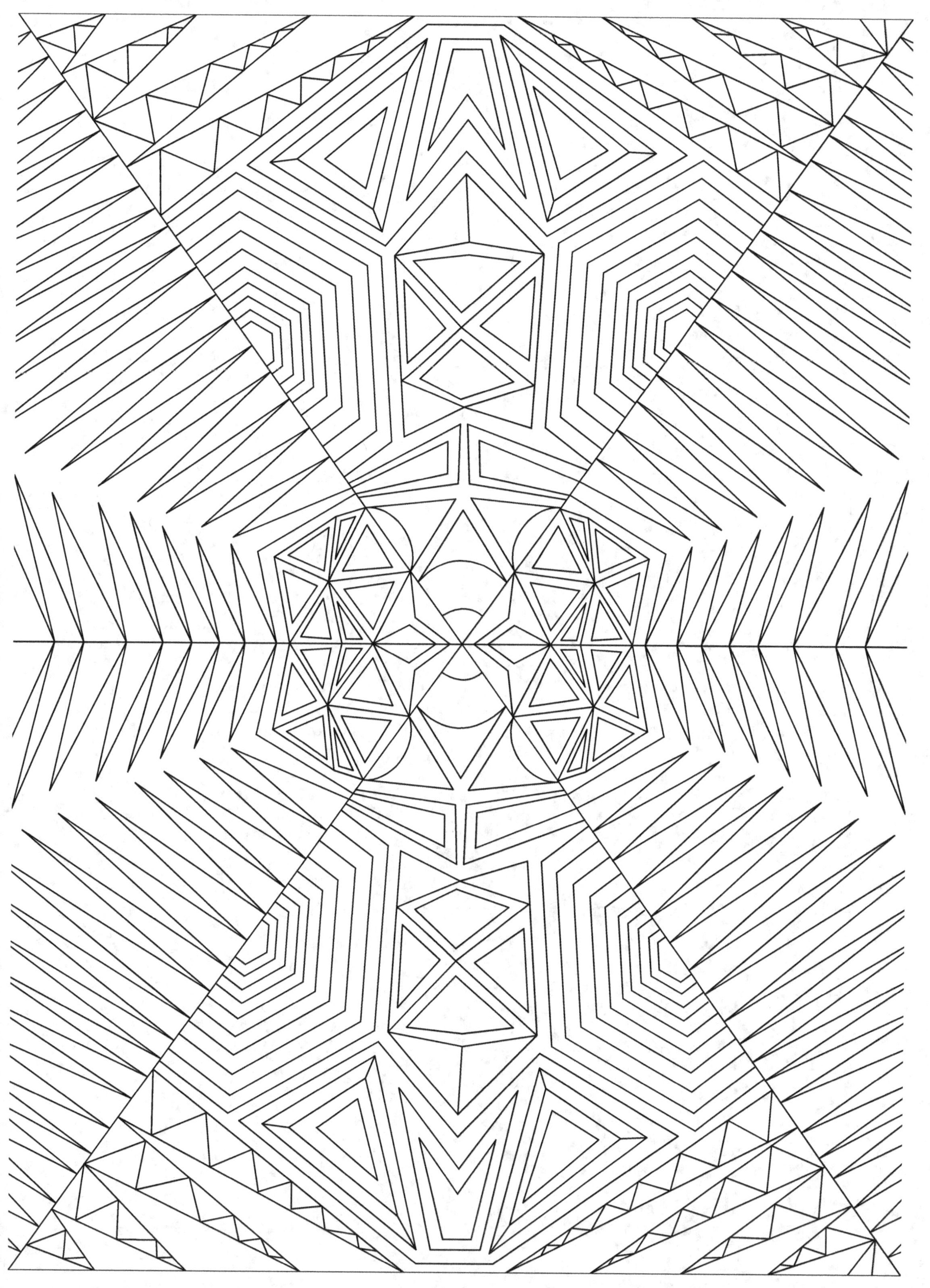

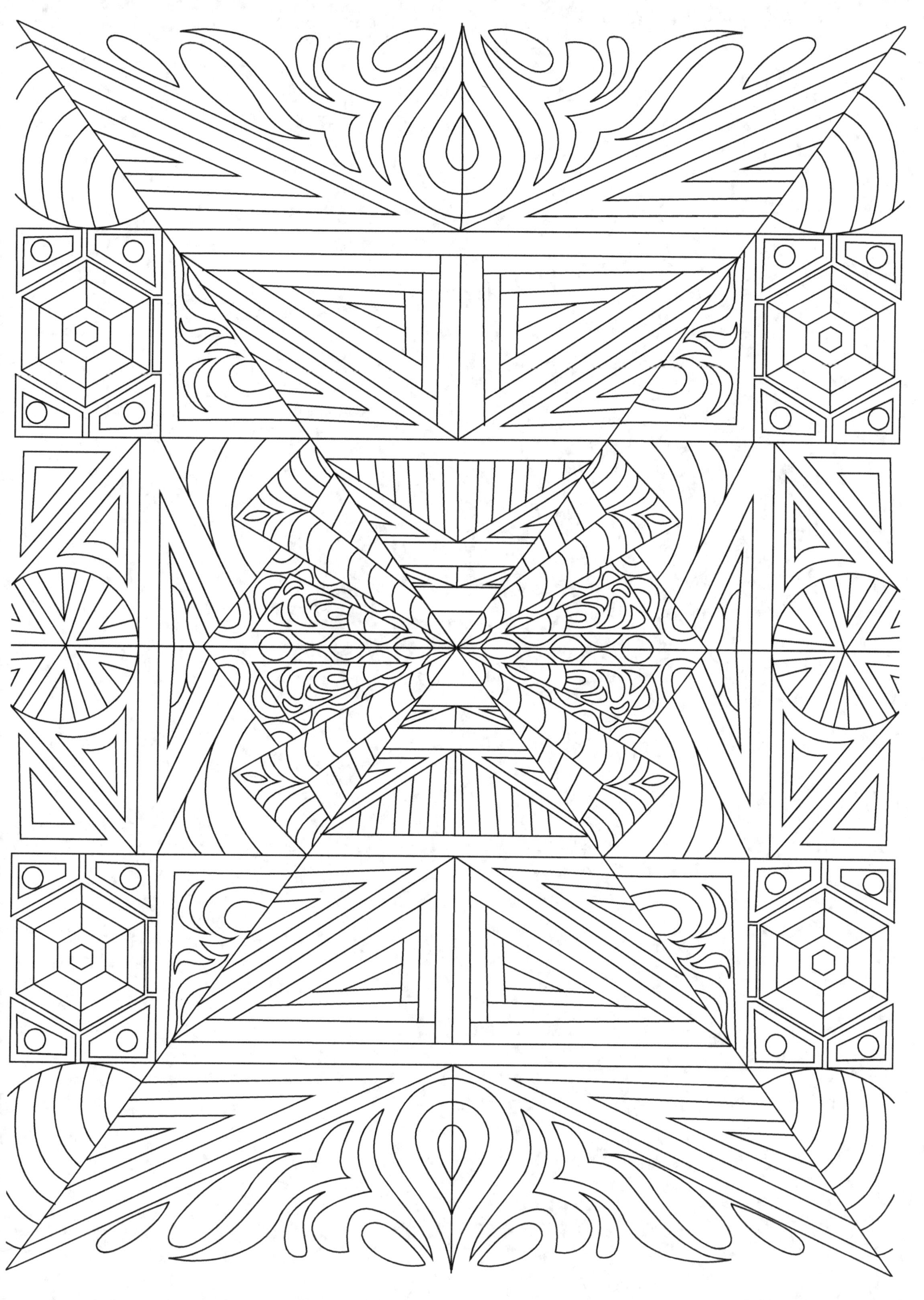

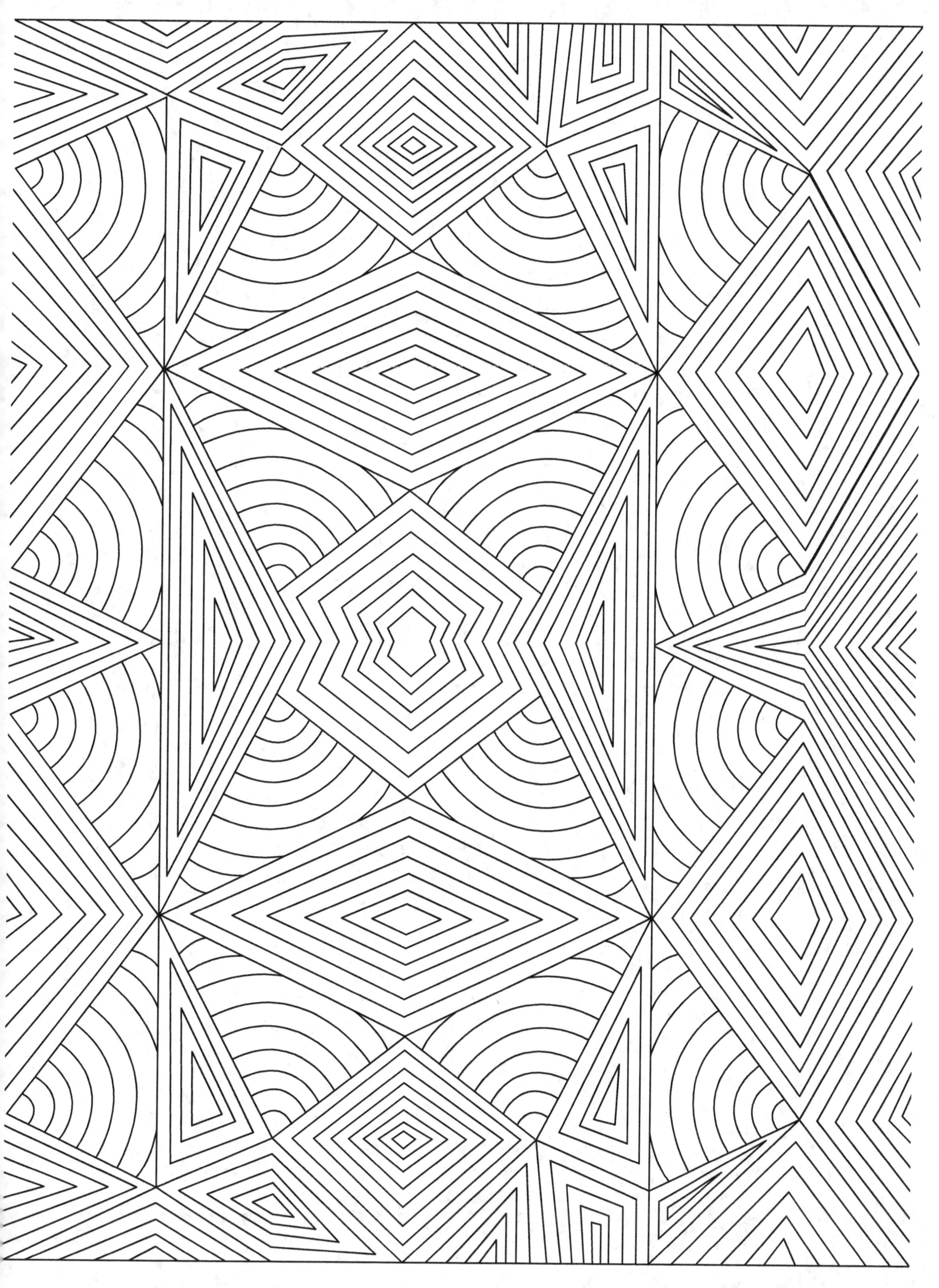

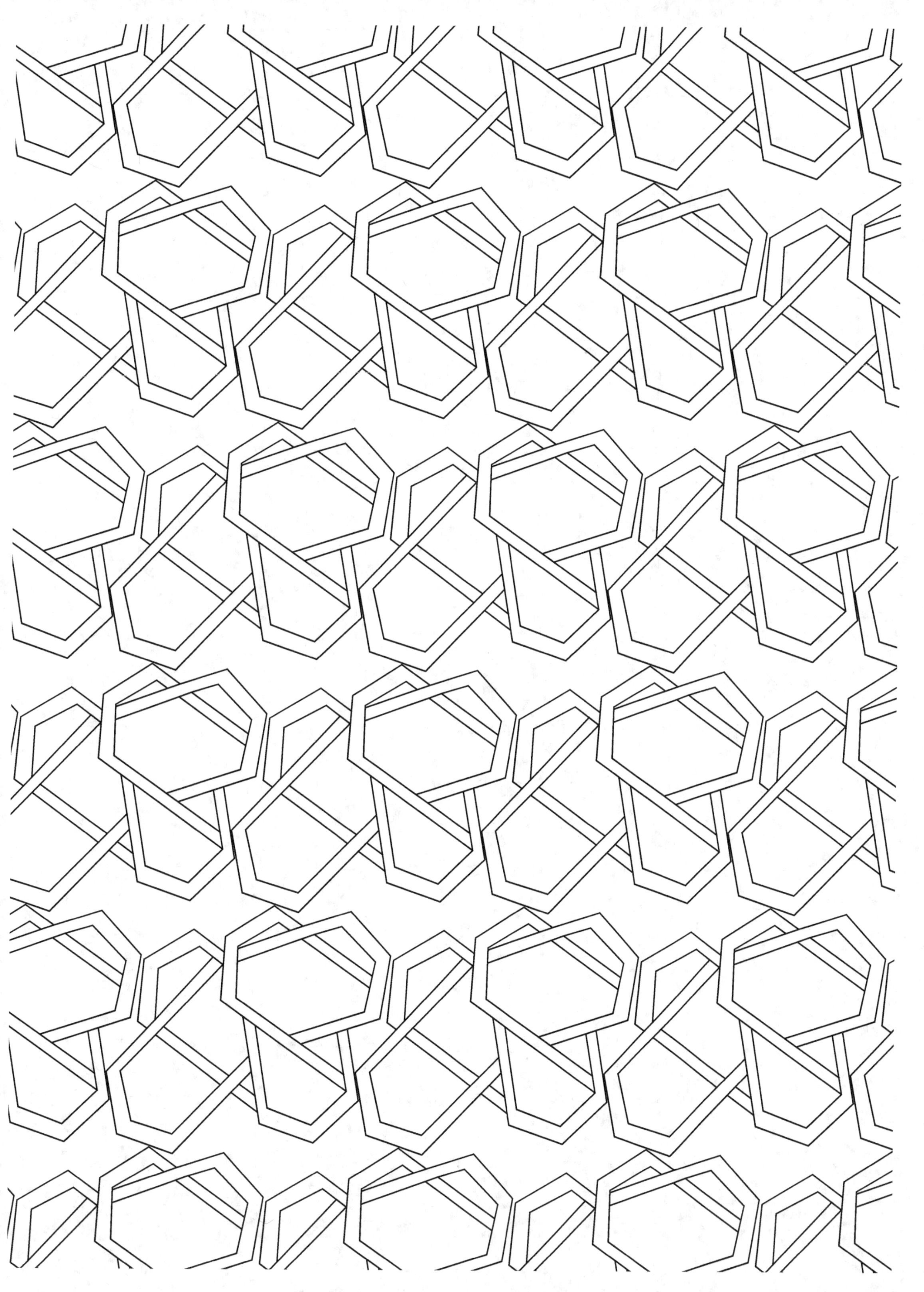

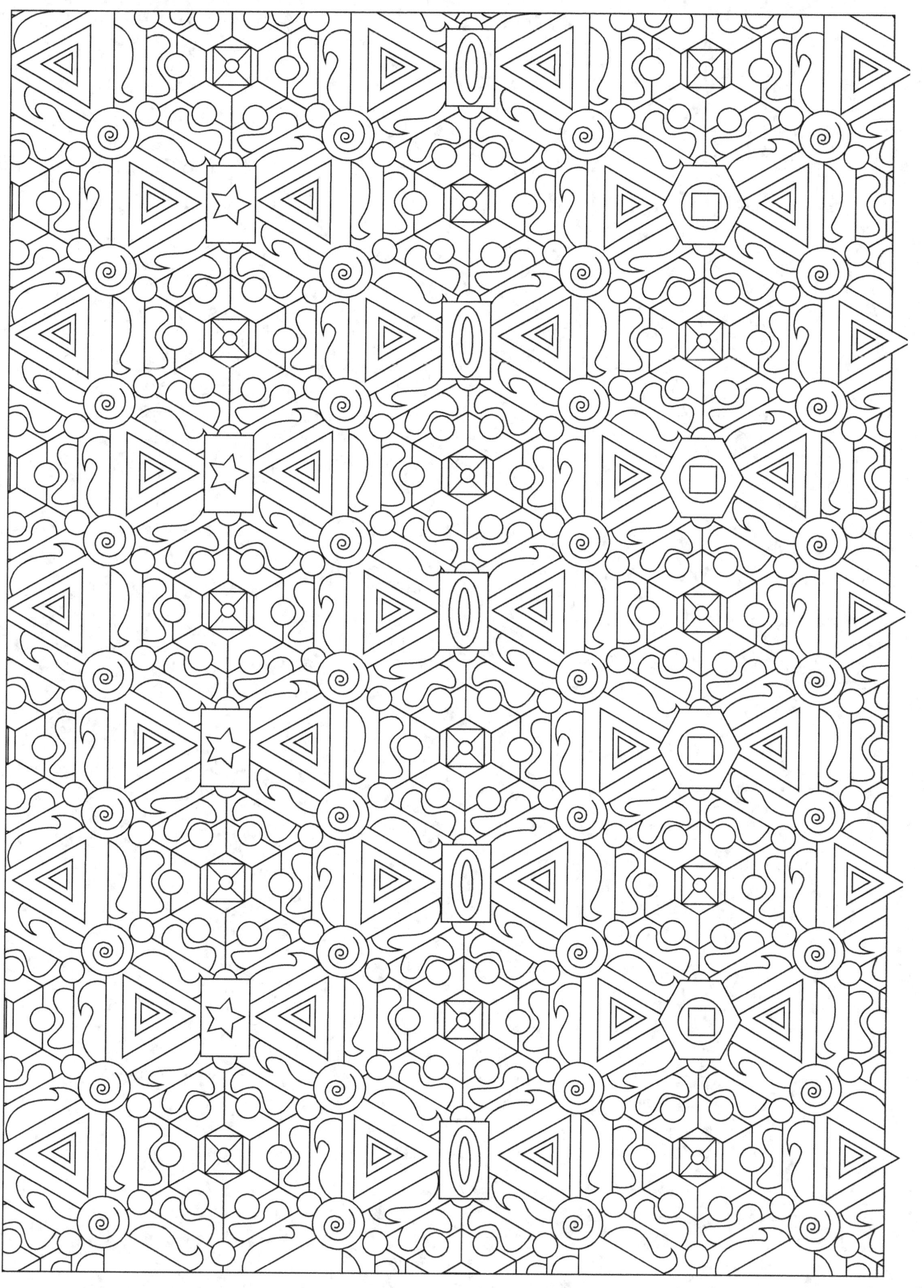

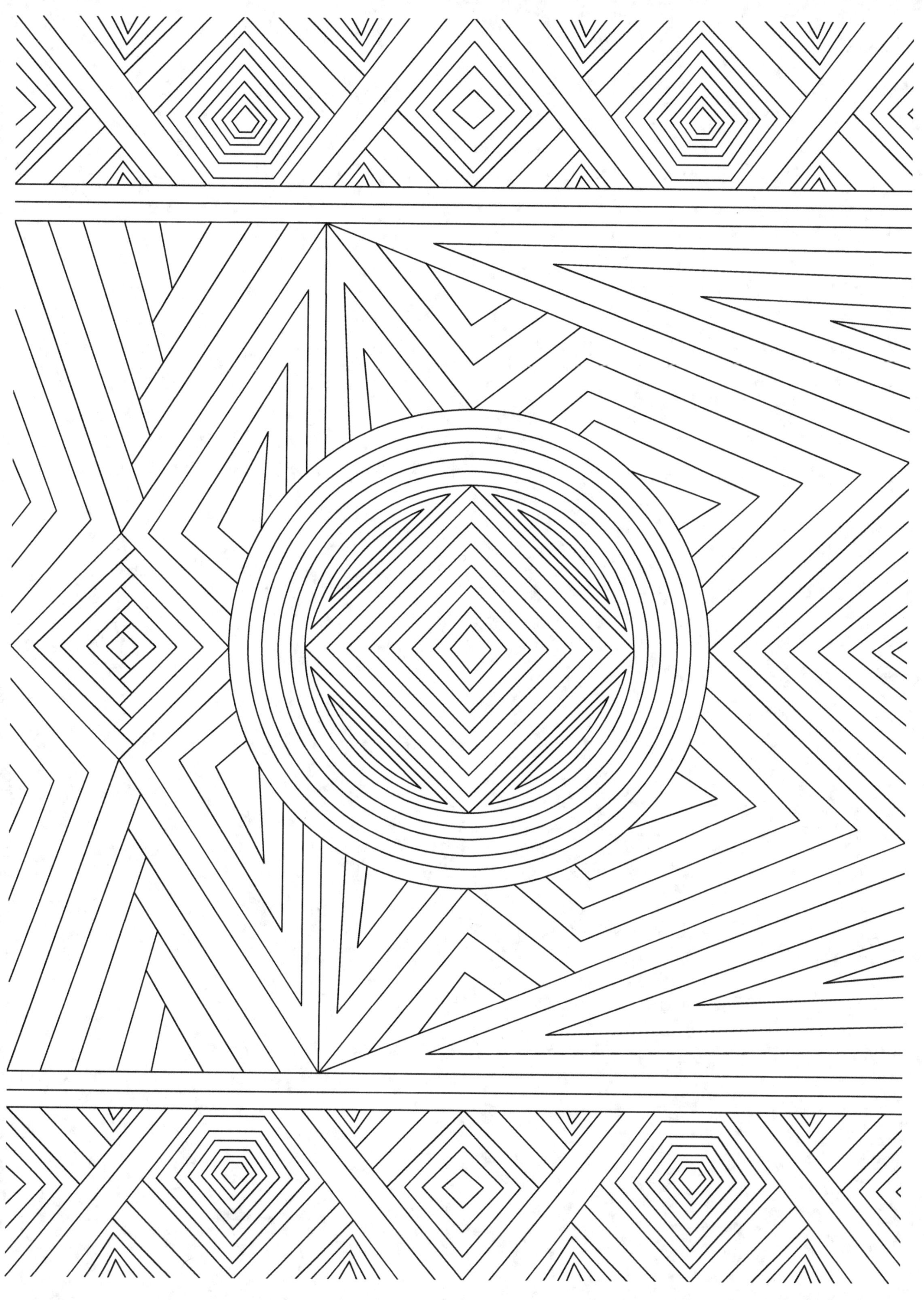

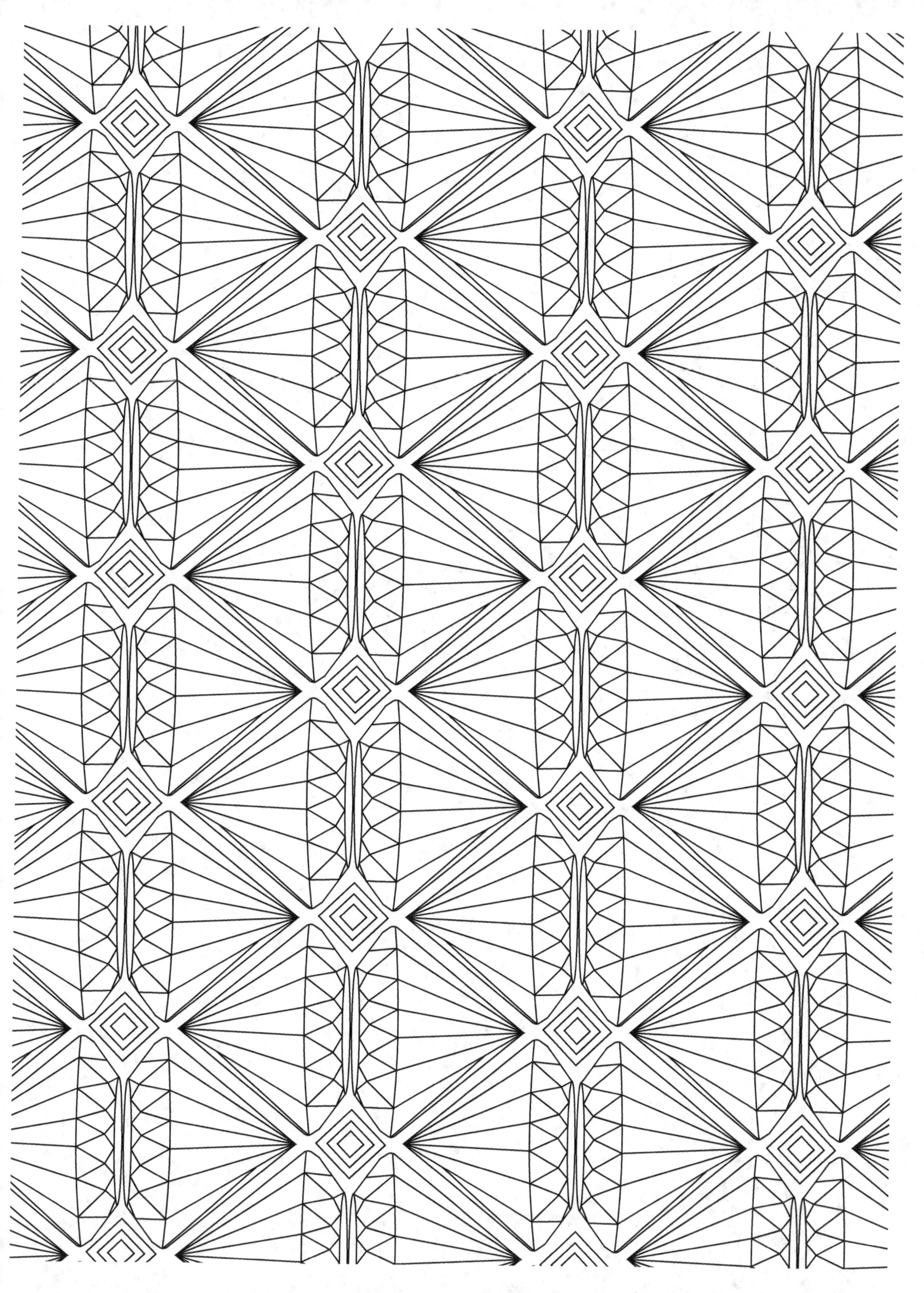

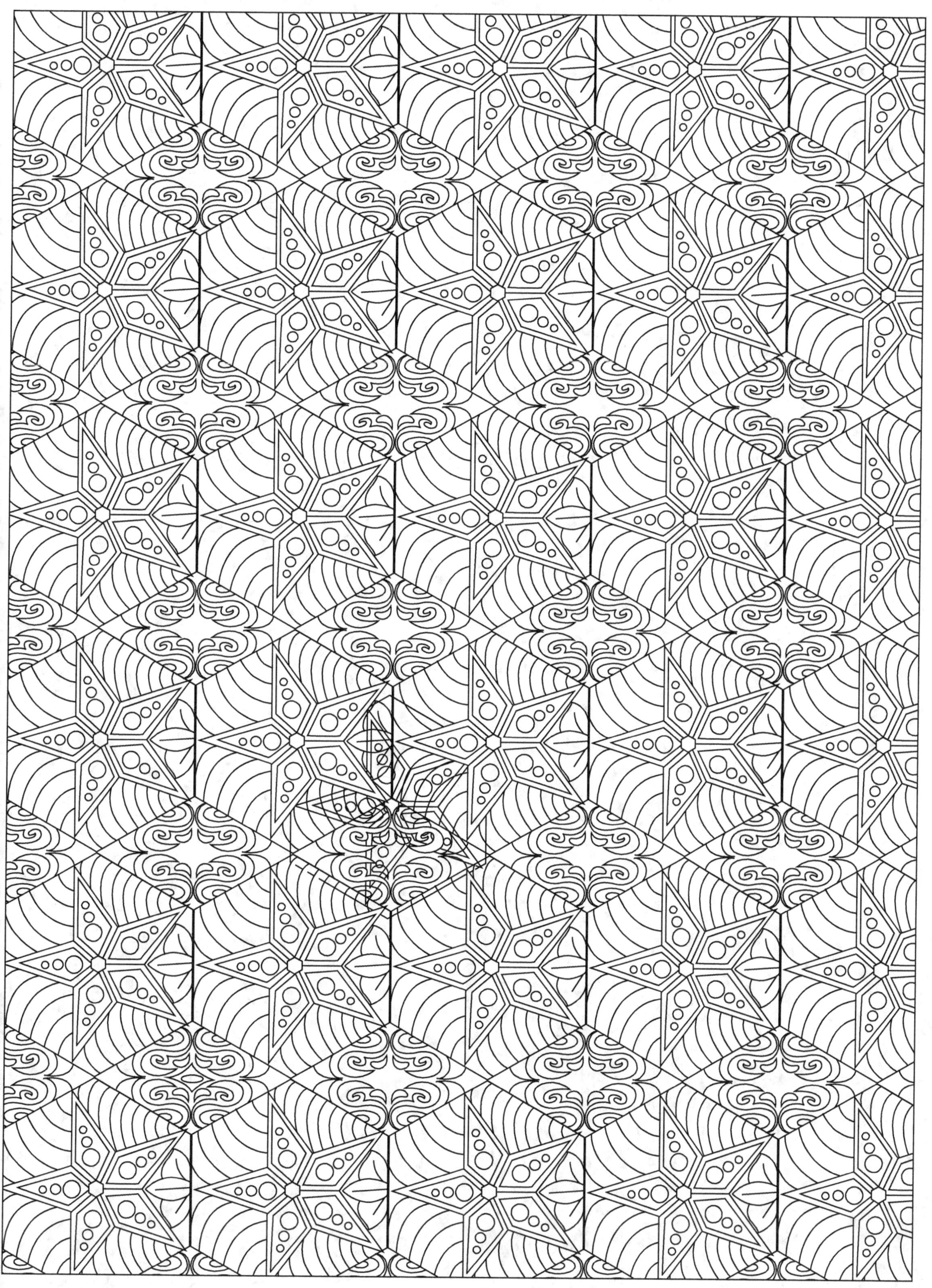

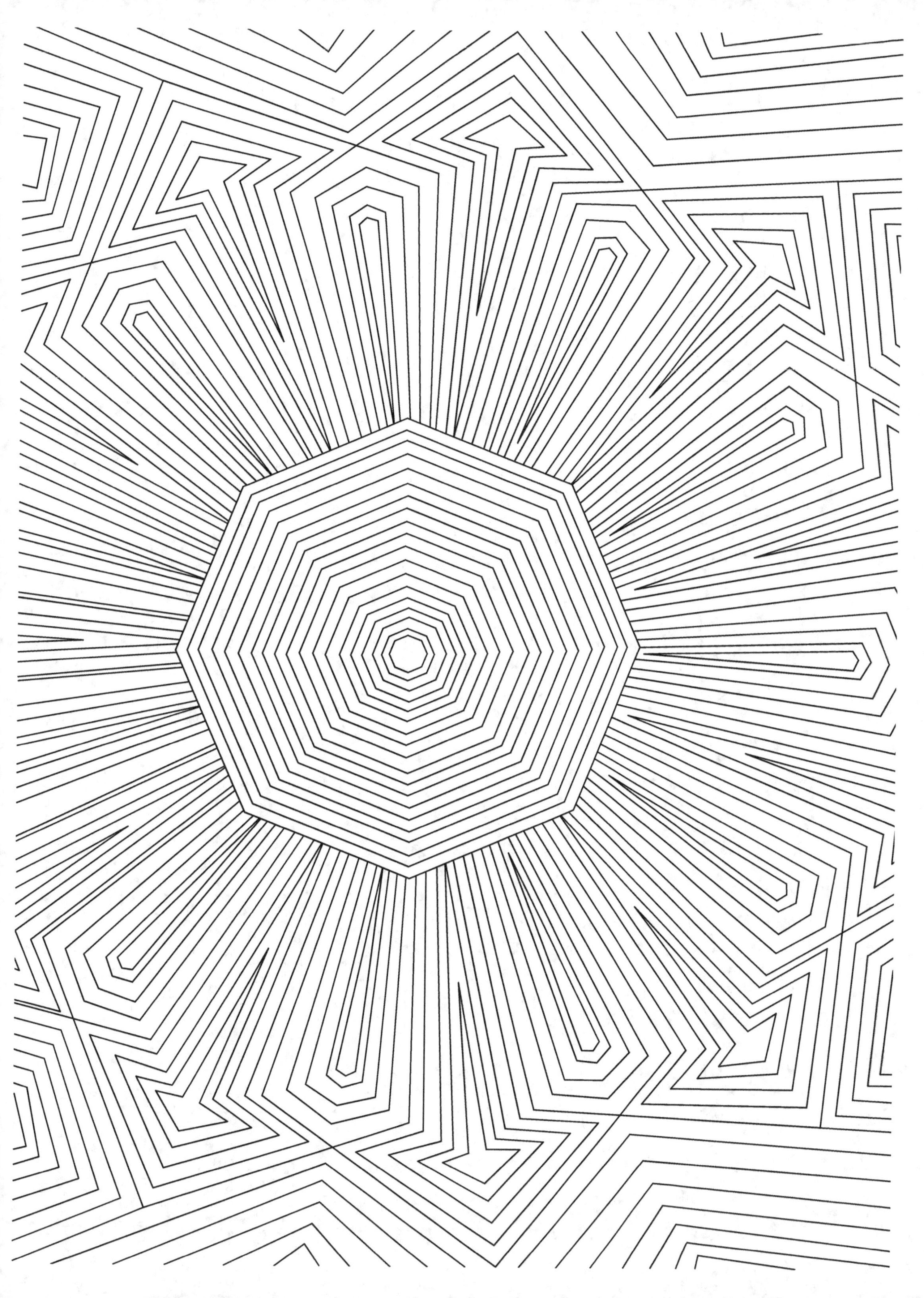

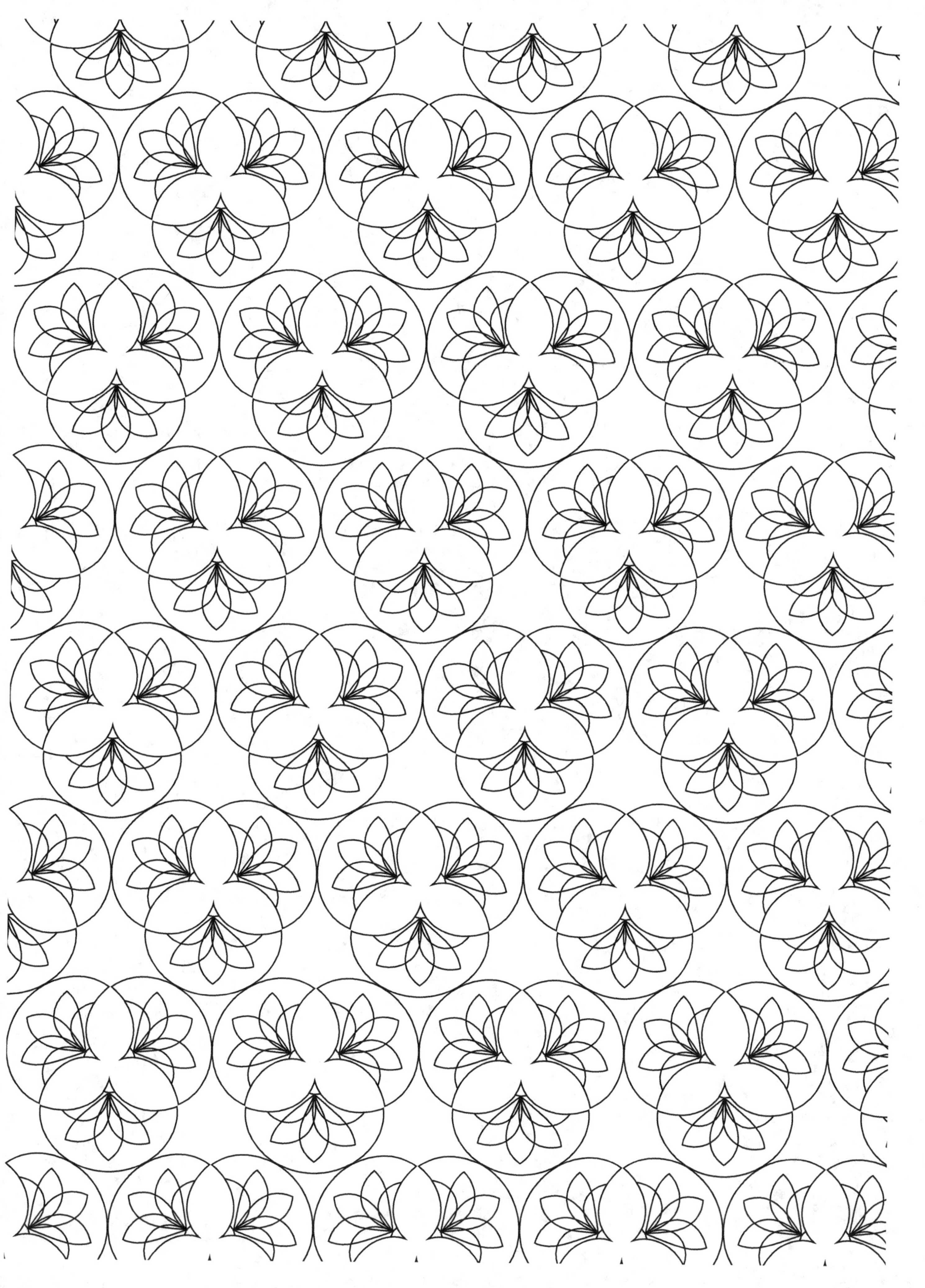

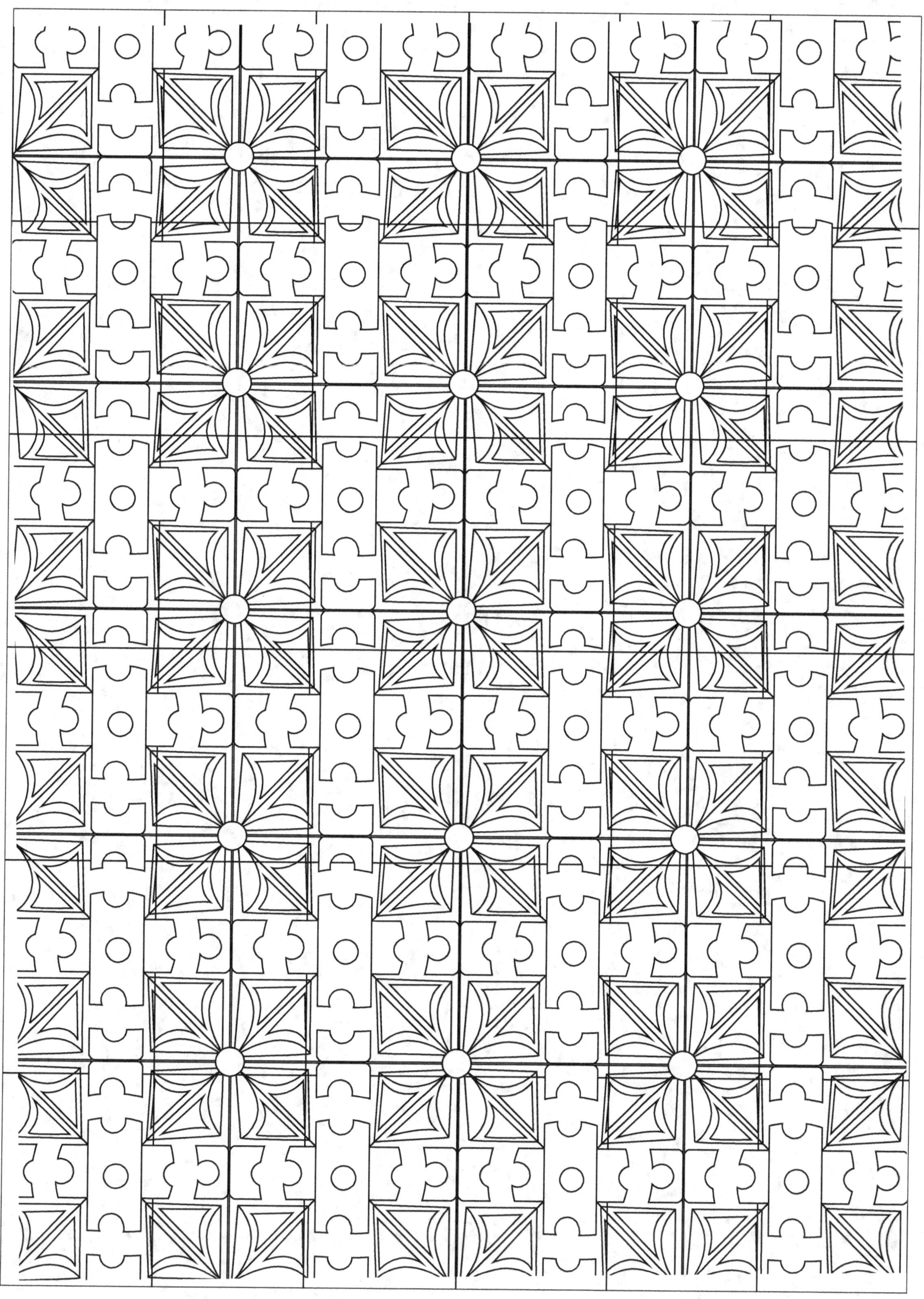

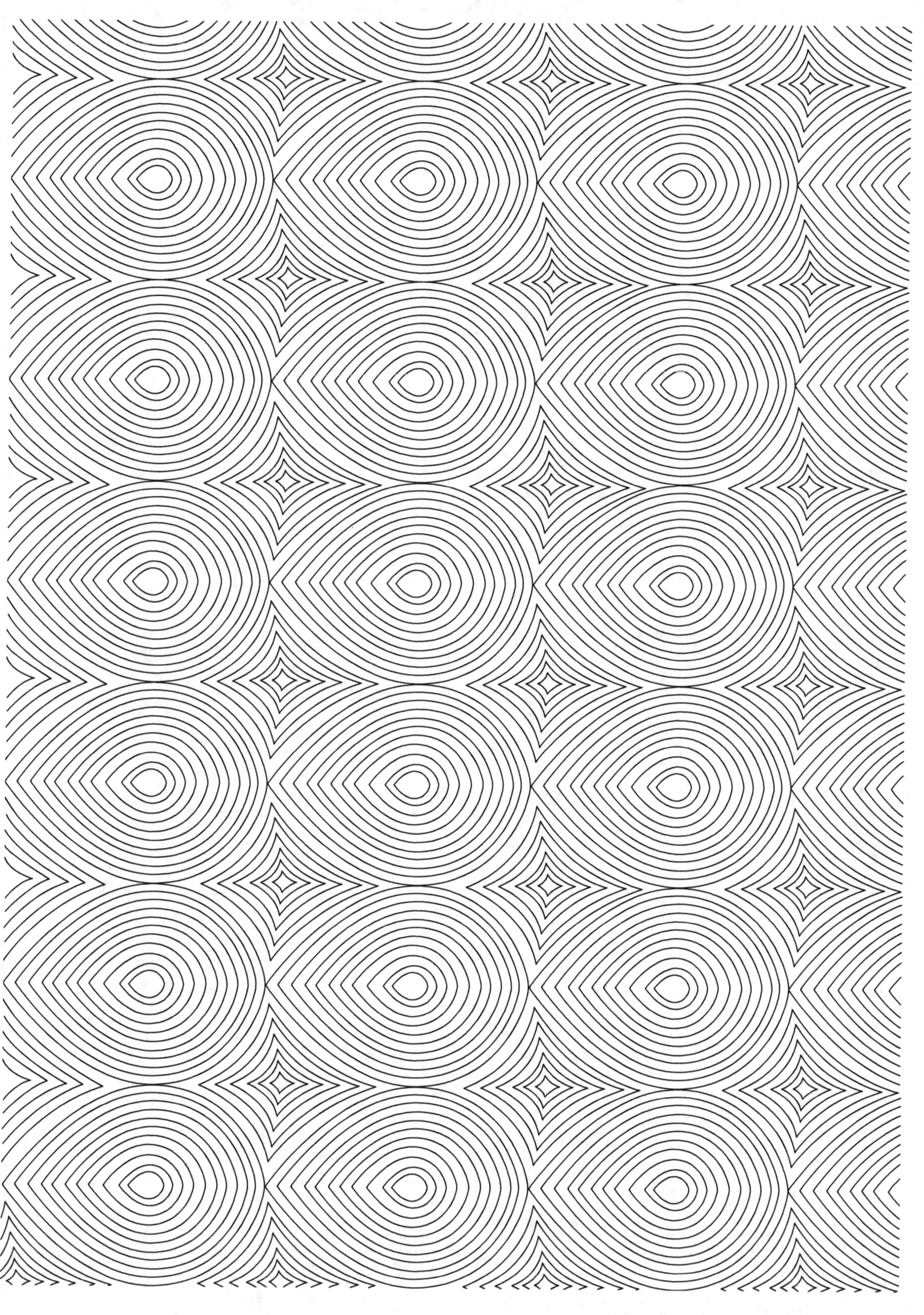

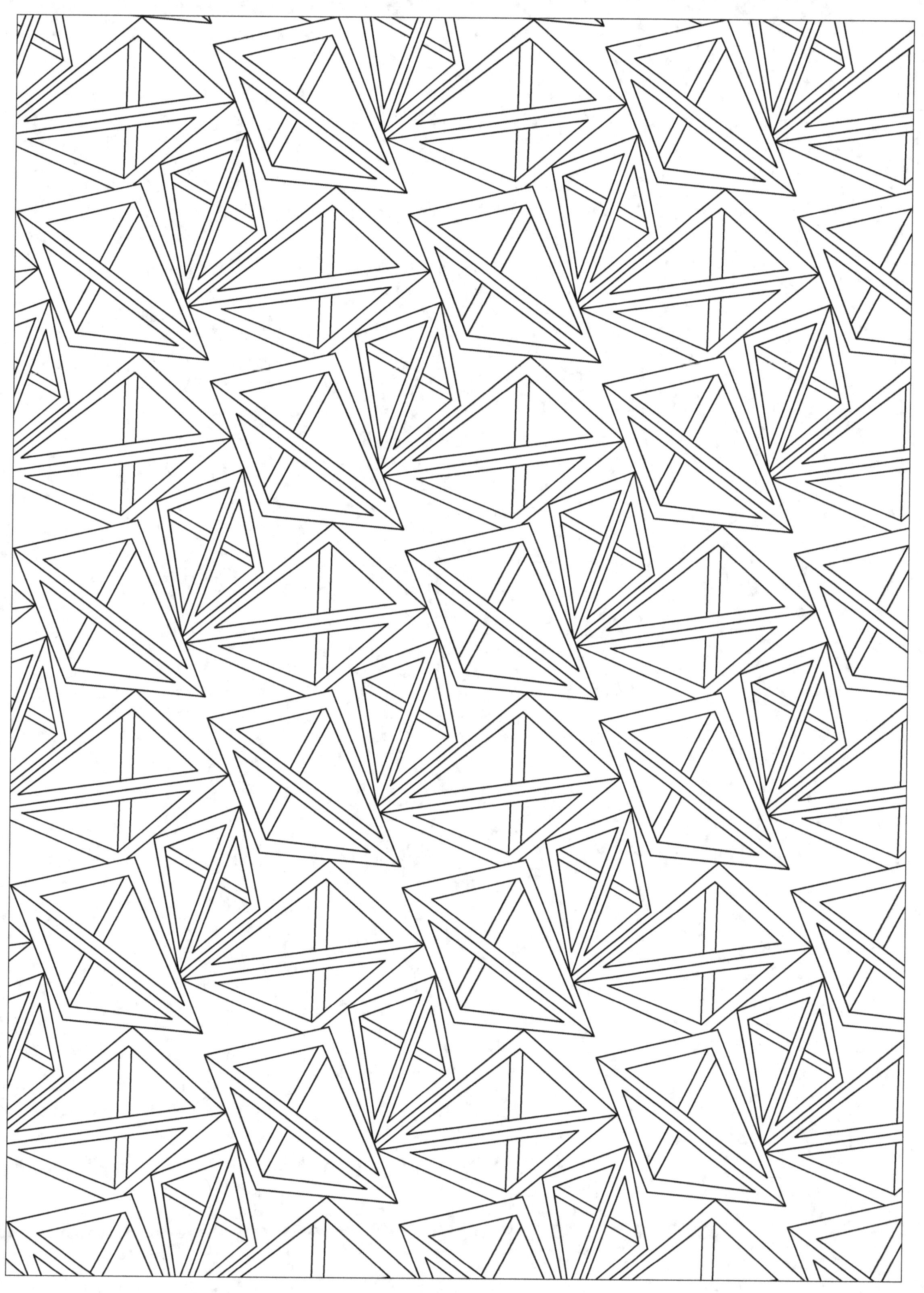

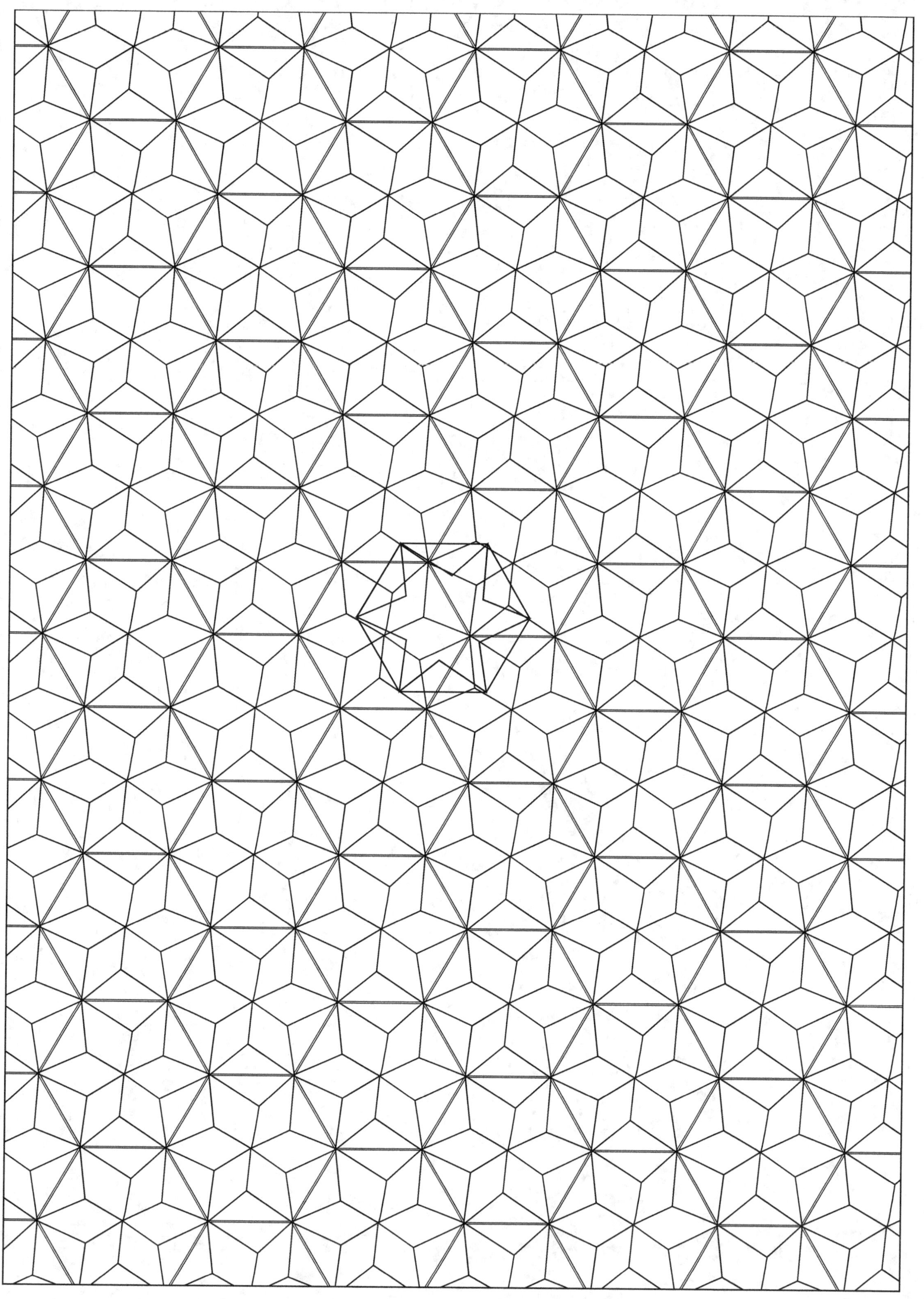

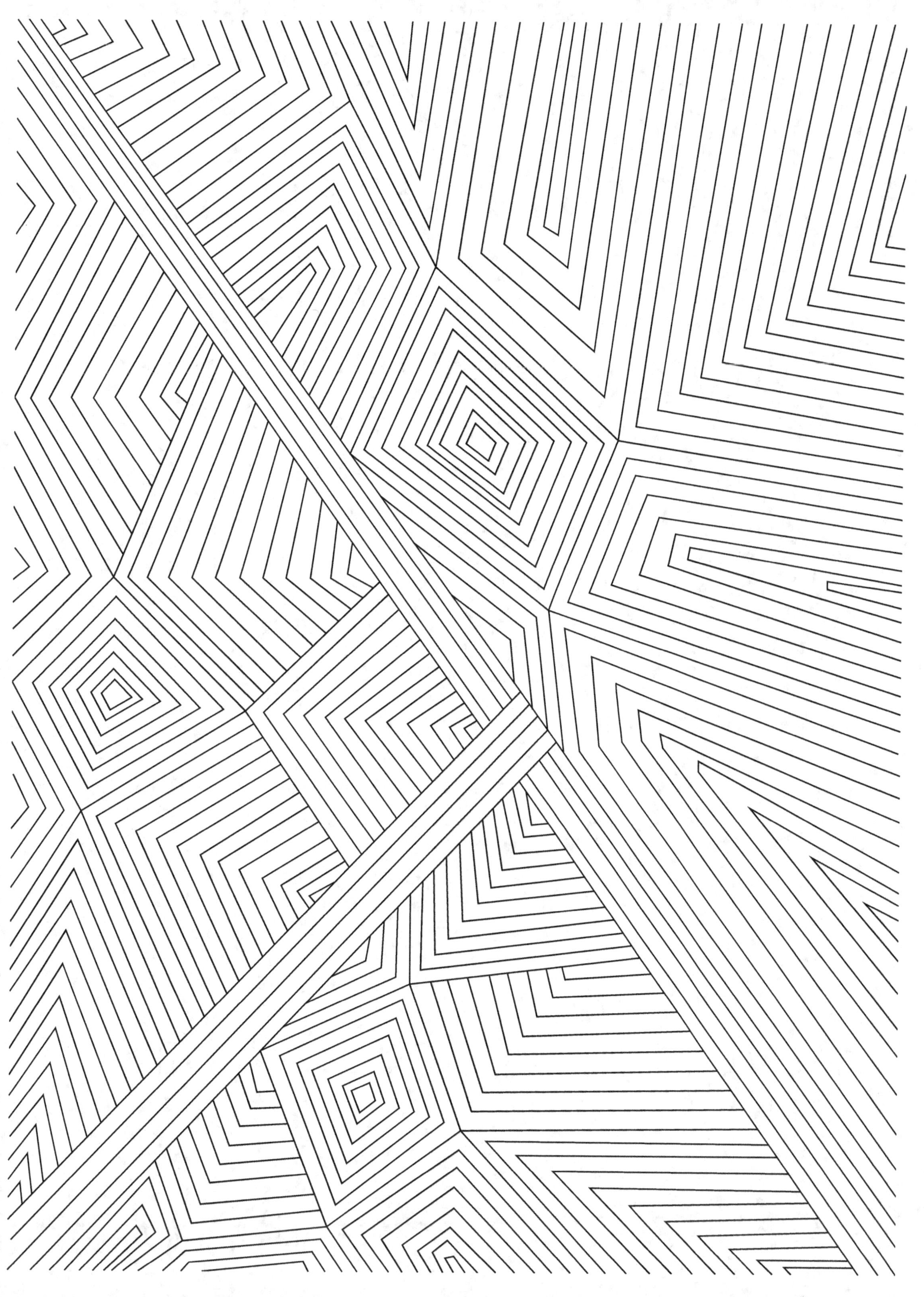

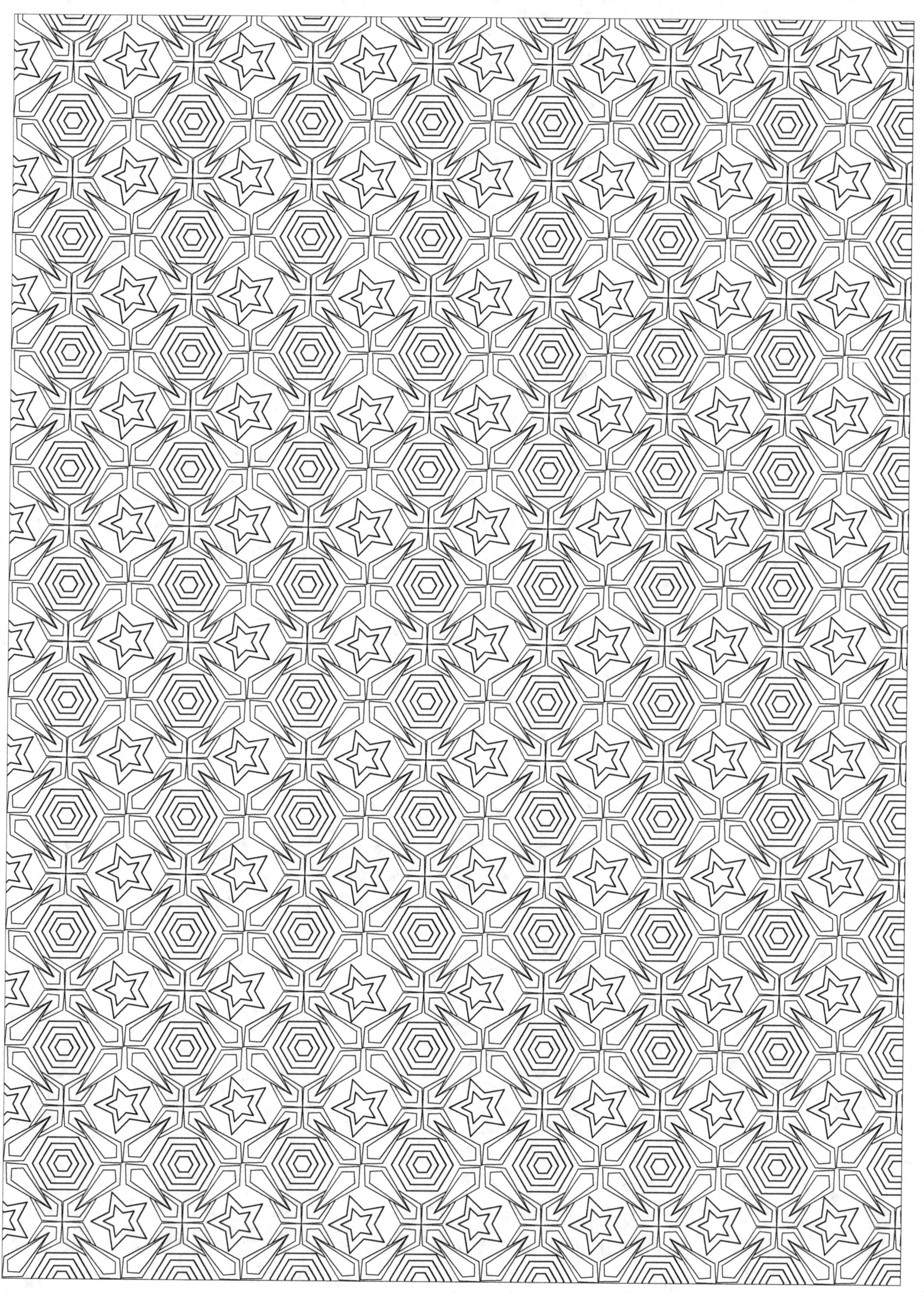

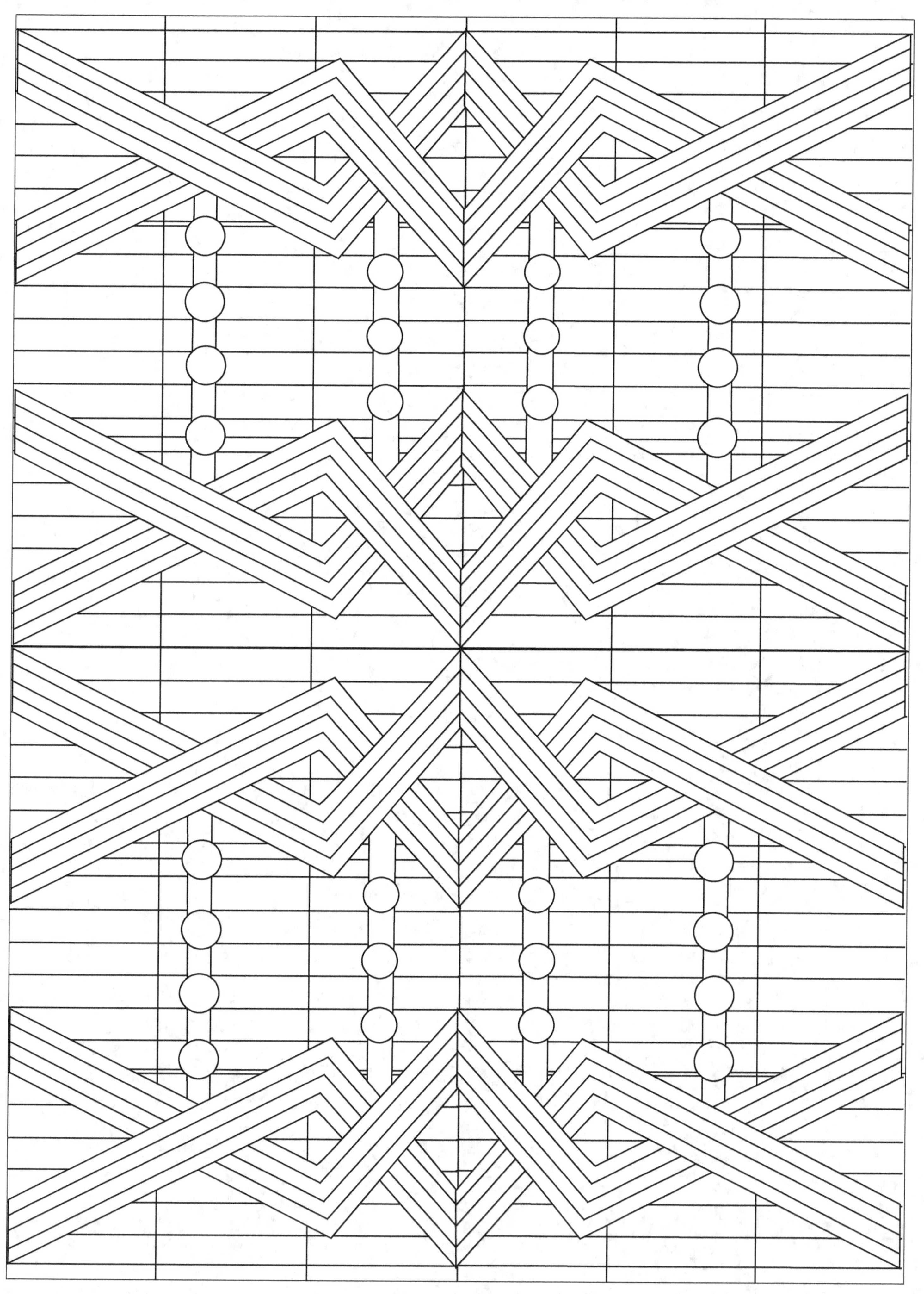

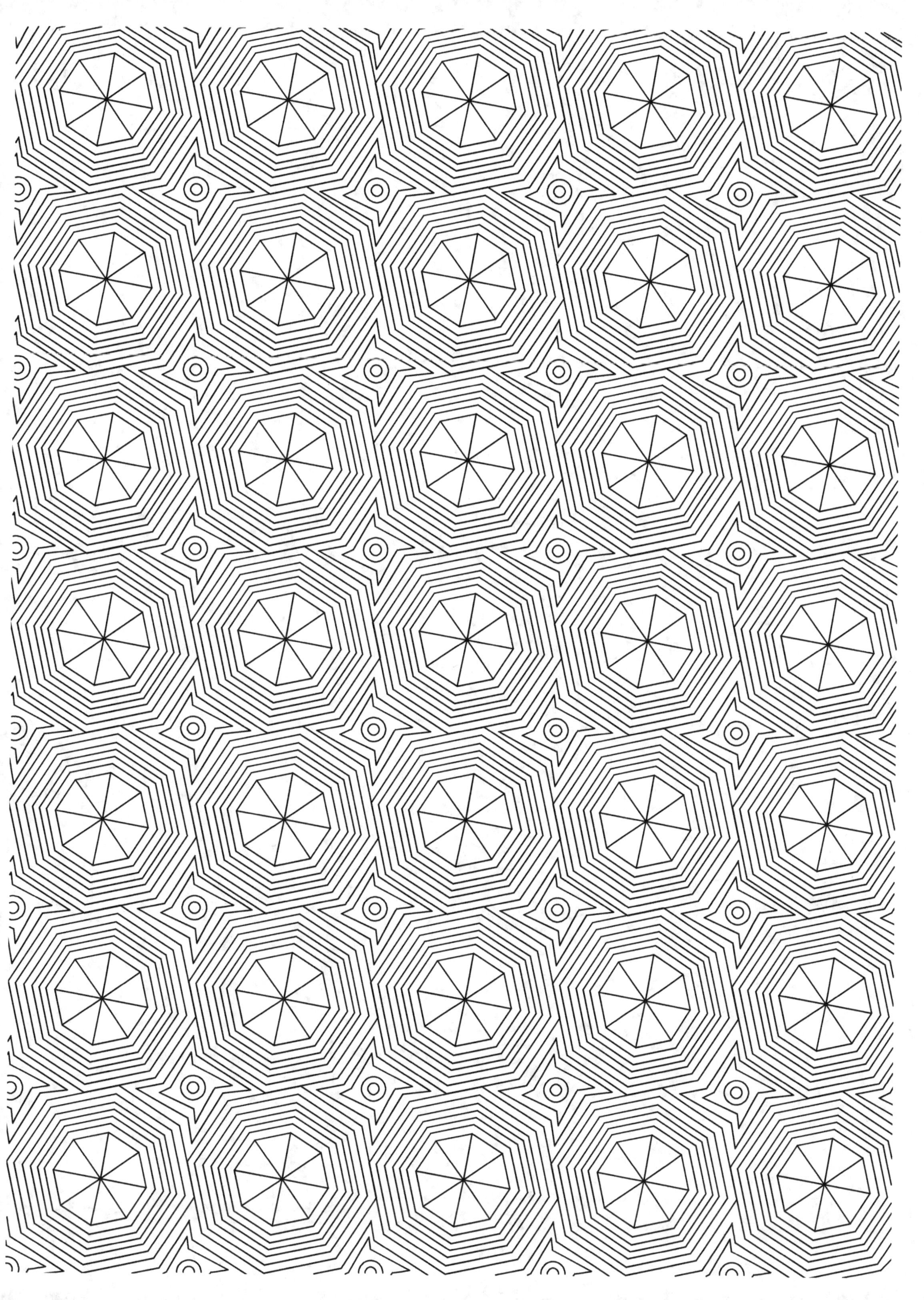

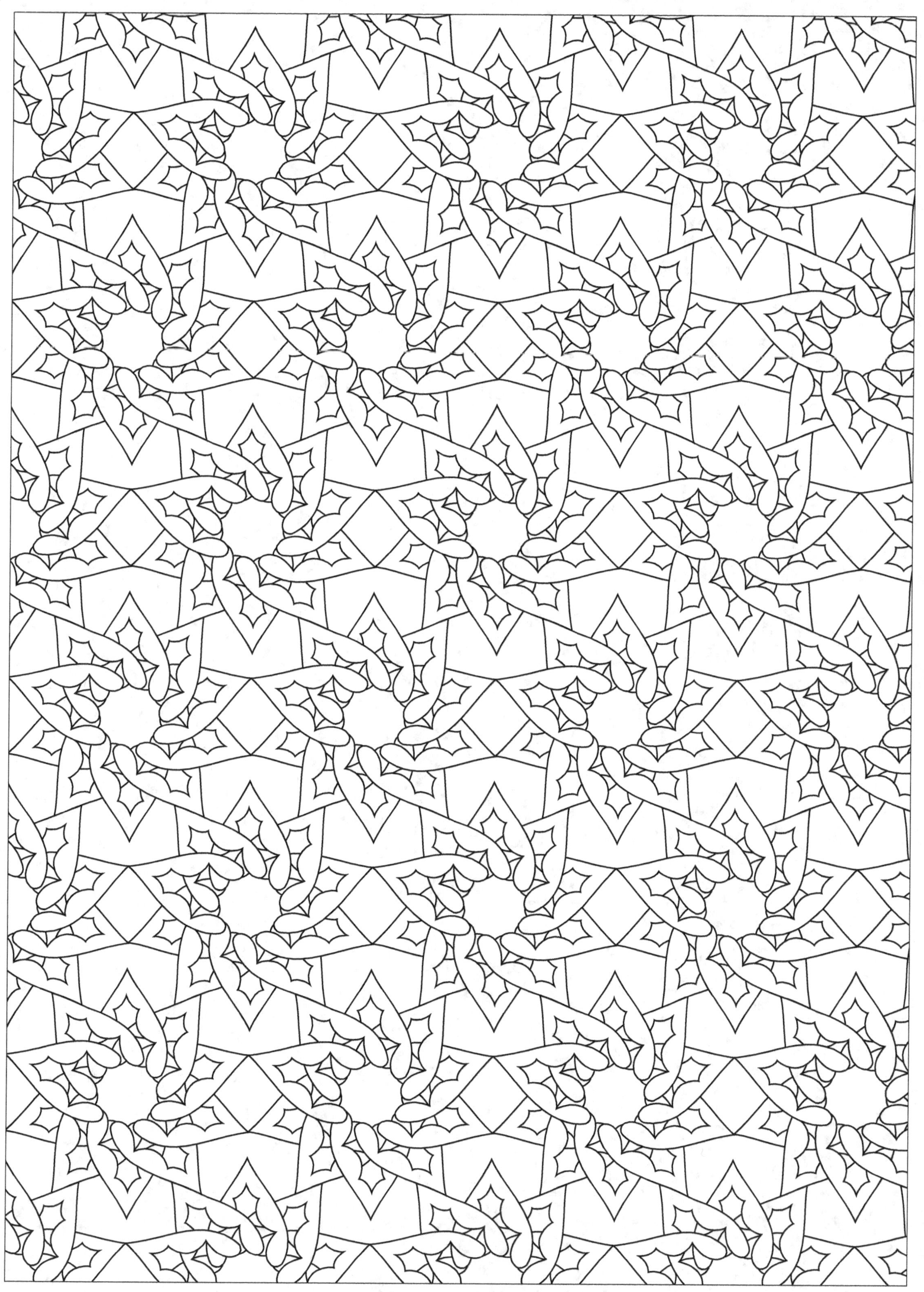

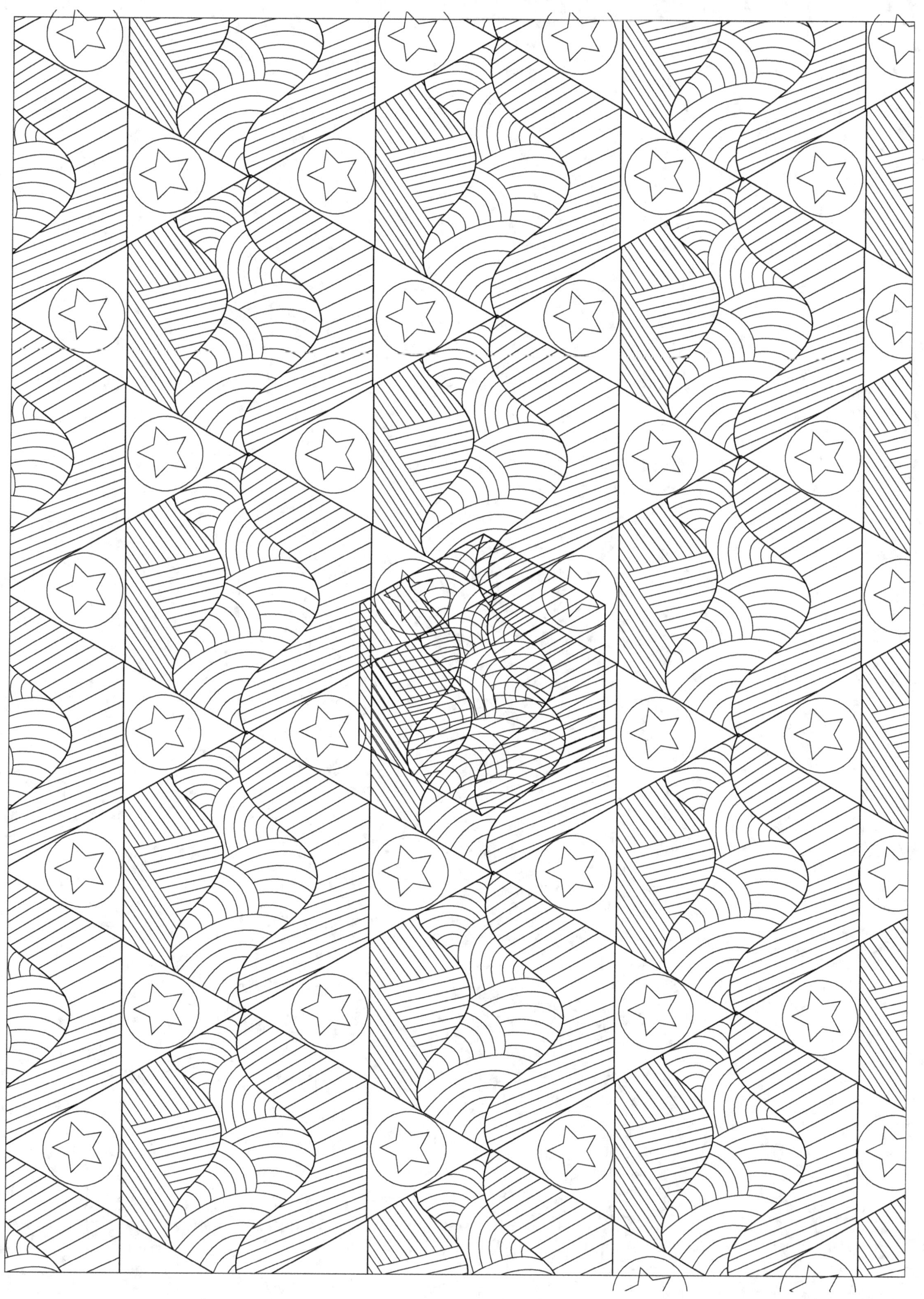

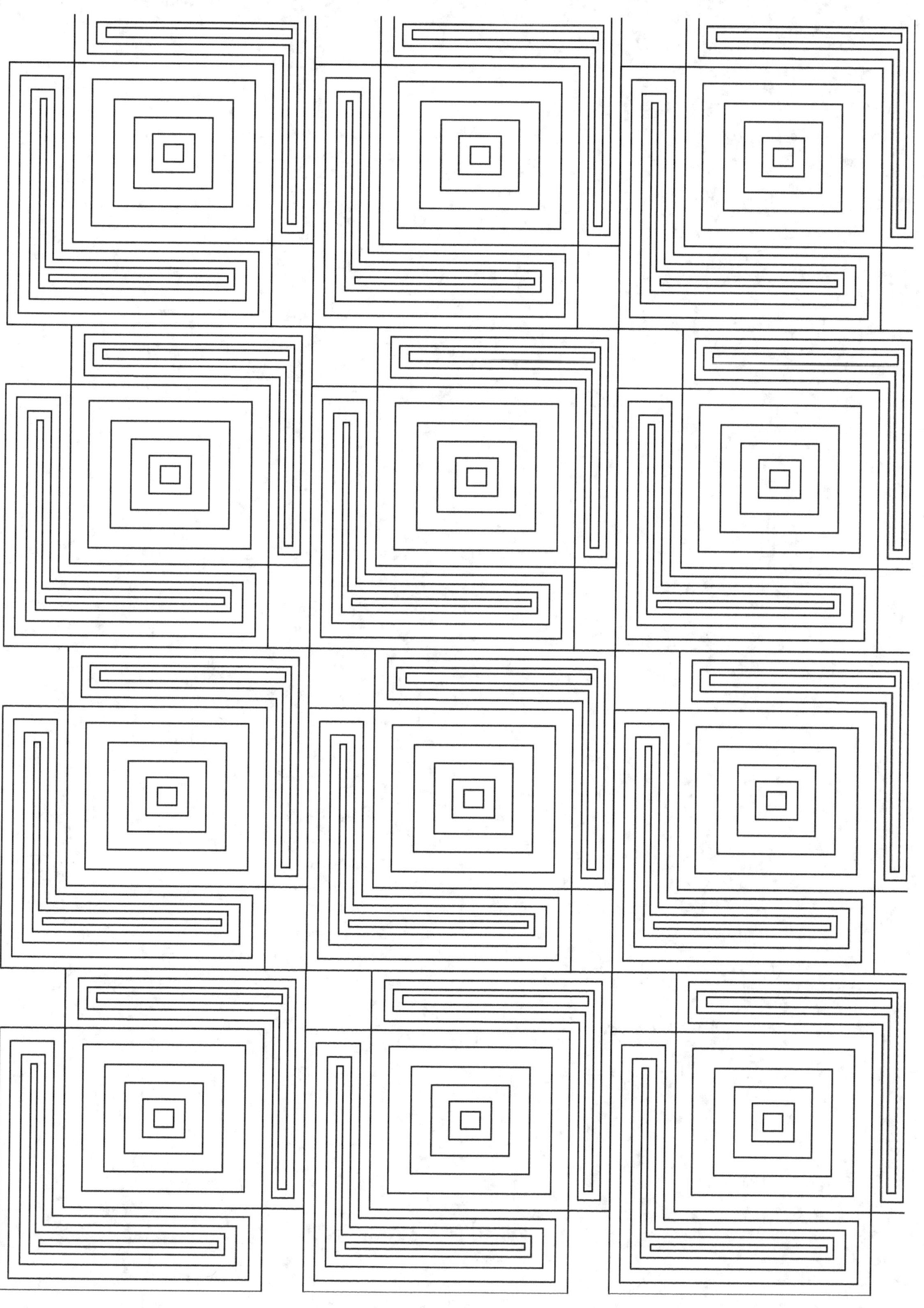

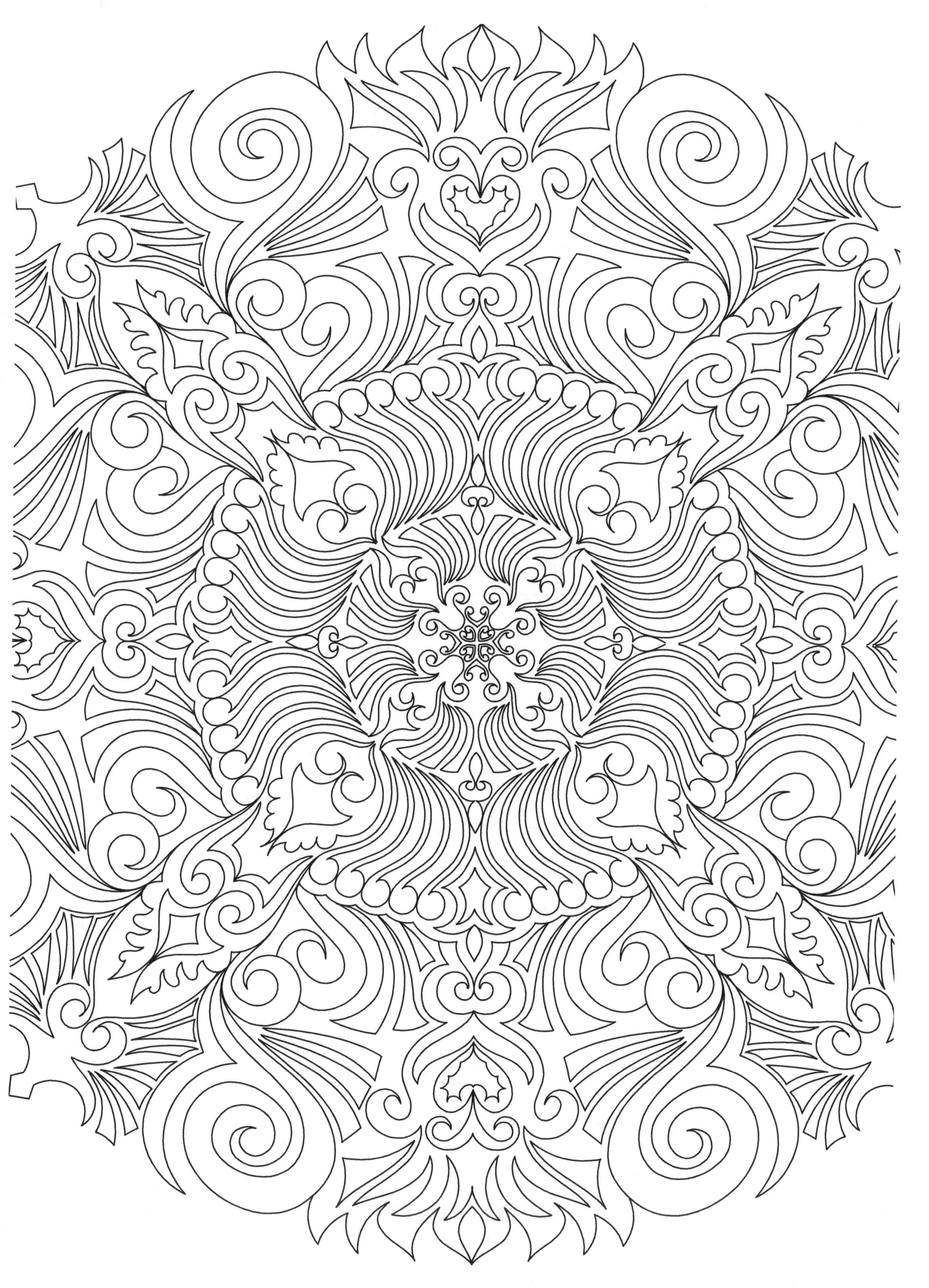